El regreso de Cenicienta

Bienvenidos al Princess College

El colegio

El jardín

La casa de las coquetonas

Las canchas de tenis

La piscina

Las alumnas del colegio

Vicky

Es todo un marimacho, el polo opuesto a una princesa.

Sunny

Sus padres son dos famosas estrellas de rock, pero ella prefiere la química antes que la música.

Lin

Le encanta el arte y de mayor le gustaría ser pintora. Su familia vive en Hong Kong.

Nell

Aunque parece dulce como un terrón de azúcar, su verdadera pasión es el rugby.

Brigitta

Elegante y esnob, está dispuesta a hacer lo que sea con tal de convertirse en la Princesa del Año.

Marguerite

Su admiración por Brigitta no tiene límites, haría cualquier cosa por su amiga.

Scarlett

Extraordinariamente rica (su padre es el «rey de las hamburguesas»), sueña con encontrar a su príncipe azul.

Título original: Cenerentola è tornata
Texto: Prunella Bat
Dirección editorial: Isabel Ortiz
Traducción: Herminia Bevia
Corrección: Álvaro Villa
Proyecto gráfico: Clara Battello y Michela Battaglin
Ilustraciones: Donata Pizzato, Blasco Pisapia
Color: Maurizio De Bellis
Maquetación: Indusagro
Preimpresion: Miguel Ángel San Andrés

C/ Campezo, 13 - 28022 Madrid
Tel.: 91 3009100 - Fax: 91 3009118
Impreso y encuadernado en España
www.susaeta.com

D.L.: M-5508-MMXIV

Princess College

Prunella Bat

El regreso de Cenicienta

susaeta

1. Todo puede suceder

Todo había empezado por una bellota. Una pequeña bellota marrón que el príncipe Alphonse Frederik Hippolitus de Hernett-Holenia (siete años y un montón de rizos pelirrojos) guardaba en el bolsillo de su traje de terciopelo.

Él odiaba aquel traje, pero tenía que admitir que tenía su lado positivo. Por ejemplo, profundos bolsillos en los que almacenar plumas de pájaro, hojas y semillas para el herbario, coleópteros y gusanos. Por no hablar de un bolsillo que parecía hecho a propósito para Algernon, su ratón blanco.

También Miss Alabarda Feat, la institutriz de Su Alteza, odiaba

aquel traje. A la cabeza de sus enemigos personales estaban ratones, gusanos e insectos, así que procuraba vaciar los horripilantes bolsillos de Alphonse lo más deprisa posible y sin mirar.

Pero de vez en cuando, algo se le escapaba. Por ejemplo, aquella bellota, que el chico enterró con cuidado, al final, en lo alto de una colina durante una visita de los Hernett-Holenia a su propiedad junto al lago.

Desde allí, el pequeño príncipe había mirado a su alrededor encantado, hasta que le encontró una Miss Alabarda que en la persecución había perdido la paciencia, la sombrilla y tres botones.

El agua azul, un pueblo dormido, el bosque… ¡qué maravilla! Alphonse decidió en un segundo que en aquel lugar, un día, levantaría una casa a la que regresaría después de cada una de sus aventuras que tenía intención de correr.

—¡Y la construyó! El bisabuelo Alphonse sabía lo que quería —concluyó alegremente Vicky, o más bien la princesa Victoria Katerina Louise de Hernett-Holenia, señalando el mismo panorama, que había cambiado muy poco en un siglo.

Las únicas diferencias eran las parabólicas sobre los tejados de Willow, las calles asfaltadas y, naturalmente, villa Ipomea, apodada «la Locura de Alphonse»: un curioso edificio lleno de ventanas, terrazas, balcones, cúpulas y cubiertas inclinadas.

Junto a Nell, Lin y Sunny, que compartían con ella una habitación blanca y rosa en el tercer piso del Princess College, Vicky estaba recostada entre las ramas del enorme roble nacido de aquella famosa bellota y estallaba, literalmente, de alegría. No solo estaba de nuevo en casa, cada último fin de mes, sino que finalmente había conseguido que la acompañasen sus mejores amigas, que si no se habrían quedado muertas de aburrimiento en un colegio medio vacío. De hecho, sus familias no estaban disponibles: la de Lin vivía en Hong Kong, el padre de Nell se encontraba en una plataforma petrolífera en mitad del océano y los famosos padres de Sunny andaban de gira con su grupo, *The Blurps*.

Desde que habían llegado a villa Ipomea en la furgoneta verde en la que la madre de Vicky transportaba sus famosos tomates ecológicos, las Cuatro Fantásticas no se habían separado un momento. Desde el selvático jardín repleto de plantas exóticas a los pasadizos secretos que había tras las estanterías de la biblioteca o la galería de recuerdos del bisabuelo, había un montón de cosas que admirar y explorar, muchas historias que contar y escuchar. Por no hablar de las zambullidas en el lago, los paseos en bici y el picnic en la playa…

Además, aquella brillante mañana de domingo les aguardaba la guinda del pastel: una sorpresa *made in Norman Paulsen*, a cargo del amigo gafotas de infancia de Vicky, que estudiaba en la Royal Academy, a un paso del Princess College. También él pasaba el fin de semana en su casa y había prometido un broche de oro para sus breves vacaciones. Fuese lo que fuese, no tenían la menor pista de momento.

Vicky echó una ojeada a Sunny, que acababa de mirar la hora por centésima vez.

—Tranquila, verás como llega enseguida.

—Ya, pero tengo una curiosidad tremenda. Además, estoy un poco…, bueno…

—¿Preocupada? —preguntó Vicky, con una sonrisa.

Sunny asintió con energía, haciendo oscilar sus trencitas.

—No pienses en eso. En el fondo, no puede ser peor que cuando explotó el robot que fabricaba caramelos en el jardín de la academia, ¿no te parece? —intentó tranquilizarla Nell, cogiendo un bocadillo de la cesta que tenía al lado.

En aquella ocasión, faltó poco para que la empalagosa explosión transformase a Norman en una gigantesca piruleta. Hicieron falta tres días para que Mister Bingham (el profe de Inglés, que había sido testigo del estallido) dejase de temblar a la vista de una pastilla de menta.

Sunny, que aspiraba a convertirse en la Premio Nobel más joven de todos los tiempos y compartía con el cadete Paulsen un incontrolable pasión por la ciencia, dejó escapar un suspiro. Odiaba admitirlo, pero aunque Norman era un genio, a veces sus inventos no obtenían el éxito que merecían.

—Estoy segura de que hoy saldrá todo perfecto —dijo Lin con decisión, sacando la cámara de fotos—. Mientras esperamos haré un par de fotos a tu casa, Vicky. ¡Es fabulosa! Parece un sitio donde puede suceder cualquier cosa, y desde aquí… —Entonces, la chica de larga melena se calló de repente—. ¿Qué es eso? —dejó escapar.

Por una puertecita de la parte trasera de villa Ipomea apareció un artefacto con cuatro ruedas que descendía a toda velocidad, mientras las pasajeras, dos niñas pelirrojas, aullaban como una sirena de bomberos a todo volumen.

Entretanto, las demás contemplaban estupefactas aquel objeto que un segundo después había desaparecido en la espesura del bosque.

—Bueno, parece que las gemelas han descubierto que su antiguo cochecito doble de paseo puede convertirse en un superbólido. A saber dónde van…—comentó Vicky—. ¿Os habéis dado cuenta de que casi no las hemos visto estos días?

—Pero han sacado tiempo para revolver nuestro equipaje, embadurnar con champú el espejo del baño y rellenar las zapatillas de batido de plátano.

Vicky se encogió de hombros, recogiéndose un rizo caído sobre la frente.

—Sí, pero eso no es más que para mantenerse en forma. La mayor parte del tiempo han estado a sus cosas y cuando mis hermanitas hacen eso hay motivos para inquietarse.

—Para mí que exageras. No… —comenzó a decir Nell, pero también ella se interrumpió.

«Algo» reluciente de lentejuelas y con cuatro patas, había aparecido en una terraza de villa Ipomea, girando salvajemente al ritmo de la música procedente de un magnetofón de casete prehistórico.

Solo cuando el ovillo humano se desenredó fue posible distinguir a la colosal tata y factótum de villa Ipomea, excampeona mundial de lucha en barro, que lanzaba al aire y recogía al vuelo a un hombrecillo con una gorra de cartero en la cabeza.

Todo esto ante los ojos de Bettina, la gata de la casa, y de Mignon, un pato regordete, que estaban educadamente sentados en la balaustrada de piedra y seguían las evoluciones con expresión escéptica.

—No os preocupéis, son Celeste y Hursus, el cartero, que están practicando para los campeonatos provinciales de baile acrobático —explicó Vicky, cándidamente—. El año pasado quedaron segundos y esta vez confían en ganar.

Las chicas se quedaron sin aliento un instante, antes de que Sunny lograse decir:

—De todas las cosas extrañas…

Por tercera vez en pocos minutos, entre las ramas del gran roble, una frase quedó en suspenso. Un nuevo, enorme, espectacular artilugio apareció en el cielo encima de ellas y descendió hacia el árbol.

La sorpresa de Norman había llegado.

2. La ciénaga del diablo

Vicky sabía desde siempre que Norman era un genio. Incluso cuando algunos experimentos desafortunados o la pasión de él por las camisas a cuadros fluorescentes, los gorros con orejeras y la música country casi la habían convencido de lo contrario.

¡Cómo le habría gustado ver allí a algunos viejos compañeros de colegio! Ni el bestia de Bongo Jones se habría arriesgado a burlarse ahora: «¿Norman? Algún día se echará sal sobre la cabeza y dirá que es un huevo duro».

—¡Chúpate esa, Bongo! —murmuró Vicky para sí, mientras ella y sus amigas admiraban el dirigible, construido uniendo con paciencia centenares de bolsas de plástico del supermercado y decorado con una fotografía gigante de la chica de las mil trenzas. La hélice era un conjunto de latas vacías aplastadas y soldadas. En la barquilla, fabricada con sólidas botellas de detergente, se leía *Sunny I* en letras plateadas.

—¡Parece una pelota de rugby! —se entusiasmó Nell, que vivía para ese deporte y era entrenadora y medio scrum del equipo del colegio, las Princesas.

—Es la cosa más bonita que he visto —murmuró Sunny, ruborizándose.

Desde su primer encuentro, Norm y ella competían por ver quién se sonrojaba más. Acababan pareciéndose como dos gotas de agua a un par de tomates demasiado maduros. Y su recientísimo compromiso, prácticamente oficial, había empeorado la situación.

—¿Has visto qué maravilla? —gritó él con una sonrisa talla XL, maniobrando para acercarse lo más posible al roble—. ¡Y eso que el motor no está al

SUNNY I

máximo! El carburante es una bomba: aceite de girasol y superquitamanchas Squash. Soberbio, ¿no?

Mientras la sonrisa de Norman resplandecía, Sunny hacía como que no había visto que el gracioso chihuahua parado en la vereda era en realidad una rata de un kilo y medio. Y, además, estaba de pésimo humor.

—Se te han puesto las trenzas tiesas de repente —constató Lin, observándola con aire perplejo.

—¿Qué sucede? —preguntó Nell, preocupada.

Vicky, sin perder de vista a su radiante amigo, que acababa de soltar peso, concluyó:

—No, Sunny, no digas nada. No quiero saberlo, porque tengo la impresión de que ya es demasiado tarde.

En efecto, lo era.

El motor del dirigible emitió un sonido similar al de un pulgar húmedo sobre una plancha caliente y se extendió un horrible olor a carne quemada. Luego, el *Sunny I* salió disparado a la velocidad de la luz.

—¡Superquitamanchas Squash! —exclamó Sunny, angustiada—. ¿En qué estaba pensando? La que sabe de química soy yo, y si me lo hubiese preguntado…

—¡Maldición! ¡Mirad! —gritó Vicky, señalando el dirigible, que apuntaba hacia el suelo.

A continuación, desapareció entre los árboles con un PFFFT PEFF PUT tan estruendoso que llegó hasta la terraza e hizo perder la concentración a Celeste. En lugar de recoger a Hursus al vuelo, permitió que rebotase como un yoyó.

—¡Oh, no! —aulló Sunny.

Vicky sintió que se le caía el alma a los pies, más concretamente a las deportivas (a propósito, nuevas y de un atractivo y llamativo color rosa). Un instante después, había bajado del árbol y corría hacia el bosque.

—¡Vamos! ¡Creo que he visto dónde ha caído!

Su expresión era idéntica a la de su prima Cunegonde de Hernett-Holenia

mientras dirigía una expedición en Borneo para encontrar a su novio Cuthbert, que la había abandonado el día de la boda. (Otras esposas se habrían resignado, diciendo que ya se sabe, que todos los hombres son iguales, pero Cunegonde no era una de ellas).

El resto de las Cuatro Fantásticas se apresuró a seguirla, con toda la rapidez que les permitía la vegetación formada por helechos, plantas trepadoras y arbustos, que se enredaban en los vaqueros como si quisiesen atraparlas.

—¡Por aquí! —gritó Vicky de repente—. Hay un sendero que va en la dirección justa.

Las otras corrieron tras ella sin protestar, pero poco después Lin reunió todo el aliento que le quedaba para decir:

—Perdona, *¿justo* en qué sentido?

—En el sentido de que nos llevará adonde queremos, o sea, a la Ciénaga del Diablo —respondió Vicky sin detenerse.

Sunny no podía palidecer por razones técnicas, pero Nell habría jurado que su cara había cambiado de color (del chocolate con leche al café con leche), al tiempo que dejaba escapar una especie de sollozo.

—No te dejes impresionar por el nombre. No es más que una especie de estanque —se apresuró a decir Vicky, mirando atrás—. Aunque muy profundo y con un remolino en medio —añadió en voz baja.

Tres o cuatro minutos más tarde, el grupito se encontró con un obstáculo: una alambrada altísima que dividía el bosque en dos. A intervalos regulares colgaban carteles con inscripciones del tipo: PROPIEDAD PRIVADÍSIMA o PROHIBIDO EL ACCESO, e incluso ¡QUIETO AHÍ! ¡NO DÉ UN PASO MÁS!

—Los propietarios deben de ser muy simpáticos, ¿no? —observó Nell—. ¿Qué hay ahí? ¿Una base espacial secreta?

QUIETO AHÍ!
ALTO!
PROPIEDAD

Vicky, que estaba examinado la alambrada como si buscase algo, respondió distraída:

—No, es que las señoritas Blanding no son muy sociables. Conozco un modo de entrar: Norm y yo lo usábamos siempre.

Apartó una maraña de ramas y exclamó satisfecha:

—¡Lo encontré! ¡Aún está aquí!

En la alambrada se abría un hueco lo bastante grande para pasar, aunque fuese a cuatro patas. Se coló rápidamente, seguida de sus amigas.

Sudorosas, manchadas de tierra, despeinadas, las cuatro chicas reptaron hasta el otro lado. Era una suerte que Miss Amelia Middlepoint, su directora, no pudiese verlas en aquel momento. De ser así, ni ella ni su imponente peinado se habrían recuperado nunca de la impresión.

—La charca está por ahí, detrás de aquellas matas —anunció Vicky, y las Cuatro Fantásticas se lanzaron adelante.

Necesitaron exactamente tres minutos de carrera afanosa y varios resbalones sobre las hojas secas para llegar al estanque más cenagoso y siniestro que hubieran visto jamás, aparte de en los cuentos de brujas.

Era de un marrón casi negro y en el mismo centro, un lento remolino había ya engullido buena parte del globo, ahora desinflado, y atraía hacia allí la barquilla. En su interior, un Norman embarrado intentaba remar con los brazos para dirigirse a la orilla, pero apenas lograba alejarse un par de milímetros.

—Bien, la buena noticia es que lo hemos encontrado —dijo Vicky parándose a un paso del lugar en el que el terreno se transformaba en fango.

—¿Y la mala? —preguntó con ansiedad Sunny, retorciéndose las manos.

—La mala es: ¿Cómo narices hacemos para sacarlo de ahí?

3. ¡Guarro, guarro, guarro!

—¡Quédate tranquilo, Norm, y no te agites! ¡Nosotras pensaremos algo! —le gritó Vicky mientras él le lanzaba una mirada desesperada.

Se mordió los labios: sabía muy bien lo difícil que era salir de aquel estanque. Se volvió hacia las demás y susurró.

—Pensad en algo, chicas, o estamos perdidos.

Lin sugirió en un murmullo:

—¿No puede saltar de la barquilla y nadar hasta la orilla?

Vicky sacudió la cabeza. No merecía

respuesta: el estanque era demasiado profundo y hacían falta un cuerpo fuerte y una musculatura increíble para nadar en aquel espeso cieno y contrarrestar la lenta atracción del remolino. Norman, que era enclenque, no lo conseguiría.

—Lo único es echarle una cuerda y arrastrarlo hasta la orilla —intervino Nell.

—Sí, pero antes de que logremos volver a casa para coger una se habrá hundido —exclamó Sunny, al borde de una crisis histérica.

—Haced lo que queráis, pero hacedlo pronto —intervino en ese momento Norman chillando como un águila—. ¡Antes de que ese monstruo os devore!

Las chicas se miraron entre ellas. ¿Monstruo? ¿Qué monstruo?

Entonces, un rugido sordo resonó a su espalda. Con el *splash* más *splash* escuchado por oído humano, algo enorme se zambulló en la Ciénaga del Diablo, levantando una ola de fango que se volcó sobre las Cuatro Fantásticas y las salpicó de la cabeza a los pies.

Norman y su barquilla, que estaban a punto de imitar el fin del *Titanic* en la profundísima poza de cieno, fueron arrastrados hasta la orilla sin esfuerzo por la colosal criatura surgida de la nada. Sunny se precipitó a soco-

rrerlo, mientras él no dejaba de barbotar «Cof, aj, puaj» (le había entrado un poco de barro en la boca). Cuando aquel monstruo de tres cabezas salió del estanque, saludándolos con un cordial gruñido, las chicas se dieron cuenta de que se trataba de un cerdo del tamaño de un pequeño tractor, completamente recubierto (como todos, por cierto) de una capa marrón fría y pegajosa.

Las otras dos cabezas correspondían a las gemelas Pau y Mau, que a lomos del animal cantaban a plena voz algo que sonaba como «Piggy oooh, piggy, piggy, piggy oooh», con un agudo desgarrador en el último «oooh».

Vicky sabía que no debía sorprenderse por nada cuando estaban por medio las gemelas. A los dos años

habían incendiado su casa de muñecas para jugar a los bomberos. A los tres habían cometido su primer atraco («La tarta o la vida»). A los cuatro intentaron robar una vaca para montar un rodeo…

Esta vez, sin embargo, se quedó con la boca abierta y no le había dado tiempo a cerrarla cuando Pau cortó a la mitad el último «oooh» y preguntó:

—¿No zabéis que eztá prohibido entrar aquí?

—Eztáis metidas en un lío mu, mu gordo, prinzesas —añadió Mau. Era la frase que les repetía con más frecuencia su madre—. ¡Las zeñoritas os harán pedazos!

Las señoritas eran las hermanas Blanding, Euphrasia y Athena, que vivían en el valle entre el bosque y la carretera que llevaba al pueblo, en una casa en la cual nadie ponía jamás los pies. ¡No se podía decir que fueran hospitalarias! En Willow las conocía todo el mundo, pero no iban a menudo, excepto para la Feria del Condado, una vez al año. No fallaban nunca y si tomaban parte en algún concurso ganaban casi siempre la banda azul del primer premio, ya se tratase del mejor pastel o la calabaza más grande.

—Pues vosotras os habéis colado, así que no os hagáis las inocentes —dijo Vicky, intentado quitarse un poco de barro de la cara.

Lin y Nell también intentaban limpiarse con hojas, aunque era como vaciar el mar con una cuchara.

—Pero nozotras teníamos permizo —respondió Pau, orgullosa.

Y Mau confirmó, rascándole con fuerza una oreja al cerdo.

—Zí, venimoz a hacer compañía a Zigizmondo. ¿Te guzta cómo cantamoz?

—Groing —aprobó con entusiasmo Sigismondo, y se acercó a las niñas con ganas de juego.

Ninguna se las había visto antes con un cerdo de dos quintales y medio. Se transformaron al instante en cuatro estatuas marrones, mientras Norman se colocaba heroicamente delante de Sunny para protegerla.

El alegre cerdo lo empujó como un bolo con el hocico sobre el que empezaba a secarse el fango. Norman cayó hacia atrás encima de Sunny y las gemelas aullaron de gozo.

—¡Zigizmondo quiere jugar a la pelota!

Quedaban pocas dudas sobre el hecho de que la pelota fuese Norman.

En ese instante, no muy lejos de allí, una voz aguda y musical llamó:

—¡Ven aquí enseguida, Sigi!

El cerdo se alejó de un Norman blanco como una sábana, hasta el punto de que el barro no lograba esconder su palidez, y quitándose de encima a las gemelas corrió hacia una figura que se encontraba entre los árboles. Se tumbó a sus pies como un perro obediente y la miró con aspecto regocijado.

La recién llegada era una anciana señora, bajita pero rolliza, con una nube de cabellos blancos y rizados en torno a un rostro redondo y bronceado, ojos de color azul, un grueso jersey y pantalones de pana metidos en unas botas de agua.

Miss Middlepoint no habría aprobado un solo centímetro de aquella cómoda vestimenta rural, se habría horrorizado ante

las botas verdes, habría considerado con Verdadero Espanto las Deplorables Condiciones de los rizos blancos...

Y, sin embargo, pensó Vicky, Miss Athena Blanding tenía una presencia real que la inane Middlepoint no tendría jamás, pese a sus impecables peinados en forma de globo, sus camafeos y sus llamativos vestidos de seda.

4. El doctor Jekyll y Mister Hyde

«Querido diario:

»Hace cinco minutos aún era domingo, pero hace un minuto y medio que ha dado la medianoche, así que oficialmente es lunes. Escribo desde nuestra habitación del Princess College, mientras mis amigas (o lo que queda de ellas, después de semejante día) duermen como si les hubiesen dado un golpe en la cabeza.

»Papá nos ha acompañado nada más cenar y luego ha desaparecido en la noche, antes de que Miss Middlepoint lograse atraparlo y ofrecerle café. (Nuestra directora siente una pasión desmedida por la sangre azul y papá es

poseedor de unos cuantos litros. Tiene gracia que a él no le importe y a ella sí).

»No te voy a contar cómo nos ha ido el fin de semana, porque basta una palabra: fantástico, al menos hasta que Norman se puso a hacer experimentos propios de un científico loco con el quitamanchas.

»Pero esa es otra historia.

»Así que dejemos atrás villa Ipomea y sus maravillas y vayamos directos al asunto, como dice siempre Mister Dorritt durante las clases de Escritura creativa, que son el motivo principal por el que estoy en este colegio, resignada a estudiar asignaturas como *Accesorios perfectos* y *El arte de recibir invitados*, y a escuchar que nunca seré una Perfecta Princesa. ¿Qué me importa, si un día puedo ser ESCRITORA?

»El punto al que quería llegar es el siguiente: he conocido finalmente a nuestras vecinas (de verdad, no en plan «Buenos días» y «Buenas tardes»), o sea, a las señoritas Blanding, que viven en la propiedad que hay junto a la nuestra: Castle Cottage, una preciosa casita construida por… ¡el bisabuelo Alphonse!

»Hace un tiempo el terreno de las señoritas era de los Hernett-Holenia, pero en determinado momento el bis-

abuelo lo vendió para financiar su cuarta o quinta vuelta al mundo. Pero esa también es otra historia.

»Y, a propósito de historias, me parece que son como caminos que tarde o temprano acaban por encontrarse. Por poner un ejemplo, dos niñas que de mayores se convertirán en delincuentes (o dos delincuentes disfrazadas de niñas, lo mismo da) se cuelan en Castle Cottage, tropiezan con un animal gigantesco que parece un dálmata cruzado con un cerdo y ¡zas!, el camino de los Hernett-Holenia se cruza con el de los Blanding.

»Porque eso fue lo que sucedió. Las gemelas le han tomado un cariño tremendo a Sigismondo, el cerdo moteado de las señoritas (más bien un megacerdo blanco con manchas negras, grandes orejas flácidas y un pedigrí de aúpa) y él está enamorado de ellas.

»Durante una temporada, mis hermanitas iban a verlo a escondidas, pero luego Miss Athena y Miss Euphrasia las pillaron mientras pretendían cargarlo en el cochecito de dos plazas para llevárselo a casa (faltaba el robo de animales en su historial). En lugar de colgarlas por los pulgares en el invernadero, embadurnarlas de miel y dejárselas a las hormigas, les concedieron permiso para ir a verlo cuando quisieran.

»Parece que Sigismondo en los últimos tiempos andaba deprimido y melancólico y gracias a ellas está prácticamente recuperado y ha reemprendido con gran energía su adiestramiento.

»De hecho, el joven y orondo prodigio es un campeón que ha ganado infinidad de copas y medallas. Y no en la categoría de Cerdos Grandes, como cabría imaginar, sino en la de Cerdos de Salvamento. ¡Por eso se lanzó a socorrer a Norman!

»Sus propietarias lo han entrenado tan bien que confían en obtener el primer premio en la Feria del Condado, en un par de semanas. Y la ayuda de Pau y Mau, famosas encantadoras de cerdos, es indispensable.

»¿Será por eso por lo que Miss Athena y Miss Euphrasia (las dos se parecen mucho) estuvieron tan increíblemente amables con nosotros? Quizá dependa del hecho

de que papá es el veterinario de Sigi y de todos los animales de la granja, desde las vacas a las palomas mensajeras?

»Además de limpiarnos el barro con la manguera del jardín, las señoritas metieron nuestra ropa en la lavadora y, mientras esperábamos a que nos la devolvieran, nos prestaron camisetas viejas, que nos llegaban a la rodilla.

»Después comimos galletas, bebimos limonada y admiramos los millones de objetos amontonados en las estanterías del salón: máscaras, animales de papel maché, figuritas de porcelana, muchísimas bolas de nieve… Te aseguro que había de todo. Y también nos enseñaron los diplomas y las copas ganados por Sigi, alineados en la última balda de una librería llena de libros estilo *Los cerdos en la historia* o

La psicología del cerdo. ¡Lo que cotorreamos! En resumen, no me creo que fuesen las mismas señoritas Blanding que colocaron carteles amenazadores y que desde que se establecieron en Willow, hace muchos años, no han invitado a nadie a su casa ni dado confianza a la gente del pueblo.

»Tal vez tenía razón Lin: debía de pasar como en ese relato, *El doctor Jekyll y Mister Hyde,* que Miss Holeinone, la profe de Literatura, nos había hecho leer la semana anterior. ¡Alucinante! Hay un tipo superbrillante que inventa una poción. Cuando la bebe se convierte en un desalmado. Es tan fuerte, que después de haber leído la historia, Nell durmió con la luz encendida tres noches seguidas.

»¿Cuál es la poción capaz de transformar a dos señoritas simpatiquísimas en personajes marcados y tremendamente ariscas, que viven enclaustradas en su granja como en una fortaleza?

»¡Me encantaría averiguarlo!

Vicky, sentada en el amplio repecho de la ventana, guardó el archivo y, después de haber apagado el portátil naranja, contempló la luna que iluminaba con su luz blanca el jardín del Princess College, sus senderos de gravilla, la aterciopelada hierba y los arriates floridos.

Las señoritas Blanding habían sido verdaderamente amables, pero durante aquella mañana de cháchara no habían contado nada de sí mismas, se habían apresurado a cambiar de tema ante las preguntas más inocentes y habían hablado únicamente de temas impersonales.

Se mostraban tan cautas y suspicaces que lo suyo no podía ser únicamente simple reserva. Bajo esa actitud se escondía algo, se dijo, antes de admitir que tenía muchísimo sueño.

«Mañana a empezar de nuevo», pensó con un suspiro, deslizándose en la cama. «Y creo que las Superfabulosas están en plena forma. A juzgar por las risitas y los cuchicheos en el vestíbulo, diría que durante el fin de semana se han reabastecido de veneno. Tendremos que…».

Y, entonces, antes de que el último pensamiento se desvaneciera, Vicky se durmió con sus cabellos pelirrojos dispersos sobre la almohada.

5. El método Middlepoint

Si había una cosa de la cual Miss Amelia Middlepoint podía enorgullecerse sin temor a que nadie la desmintiese era su capacidad para mantener la disciplina. Una capacidad tan notoria que, ya de joven, la había hecho dudar entre la carrera de directora y su enrolamiento en la Guardia a Caballo.

Se trataba de un talento natural, perfeccionado en el transcurso de los años gracias a una constante práctica que le había permitido perfeccionar tres elementos fundamentales: 1) Cejas enarcadas; 2) Labios apretados; 3) Mirada Glacial. Y, en los casos más difíciles, una Voz Cortante reforzada por gárgaras matutinas con aroma a menta glacial, que anunciaba un Pronto, Eficaz y Severo castigo.

El efecto habitual era satisfactorio: las alumnas de menor edad se transformaban en temblorosa gelatina; las mayores bajaban la cabeza, las profesoras se batían en retirada. Solo Lucille, la cocinera, parecía totalmente inmune. «Ocúpese de su trabajo, querida, que yo cumpliré con el mío», se limitaba a responder desde las profundidades de la cámara frigorífica cuando Miss Amelia osaba proponer la descongelación de un *poulet à la crème* en vez de un *rôti de boeuf* (el menú del colegio era rigurosamente francés). Pero con el resto del mundo el método Middlepoint siempre había funcionado. Al menos, hasta aquel día.

De hecho, desde la hora de la comida, un zumbido de cuchicheos apagados y un hervidero de murmullos llenaron las aulas y los pasillos del Princess College, y parecía que nada sería capaz de ponerles fin.

Miss Amelia lo había intentado de todas las maneras: irrumpiendo en las clases, bajando varios grados la temperatura, ya polar, de su voz, amenazando con eliminar la salida del sábado…, pero nada. La chicas seguían pasándose notitas, rumoreando y encajando advertencias y reproches sin inmutarse.

Por eso, aquella tarde, a la hermana menor de la directora casi se le cayó la taza de té al suelo al escuchar la pregunta.

—¿Crees que me vuelvo vieja, Coralinda?

Si Amelia la Sanguinaria hubiese sabido cómo estaban realmente las cosas, se habría ahorrado una noche en vela, porque nadie, ni siquiera ella, podía frenar el tornado que se había desatado en el colegio.

En su habitación del tercer piso, las Cuatro Fantásticas, en pijama y zapatillas, discutían en ese momento la situación. Vicky había informado a sus amigas de que las Superfabulosas parecían serpientes de cascabel tras el fin de semana, listas para hipnotizar a un centenar de pájaros.

—¿Os dais cuenta? —estaba diciendo Lin, indignada—. Esas tres víboras han montado un negocio en toda regla y más de la mitad de nuestras compañeras han caído en la trampa.

—¡Si son tan estúpidas como para pagar a Brigitta y compañía a cambio de una foto dedicada de Lucius Lutz, peor para ellas! —comentó Nell, que planeaba un plan de juego para el próximo partido.

—¡No! ¡Peor para todas! —protestó Sunny, tras añadir un par de gotas de color verde esmeralda a una probeta llena de líquido amarillo. Intentaba poner a punto un combustible para dirigible algo menos peligroso—. De ese modo, Brigitta y sus secuaces conseguirán un montón de votos sin abrir un libro...

—Y acumularán estrellas para convertirse en Princesas del Mes —concluyó Vicky, que estaba ensayando una de las posiciones de yoga reproducidas en un manual.

Cuando mostró su admiración por la recta espalda y el porte de Miss Athena, le contestaron que era todo mérito del yoga. También ella quería probarlo, aunque dudaba que pudiese enrollarse un pie alrededor del cuello mientras se mantenía en equilibrio sobre el otro.

—Creía que no te importaban esa chorradas brillantes —y Nell señaló los minúsculos distintivos en forma de cuatro estrellas sobre la chaqueta rosa que Lin había colgado en el perchero—. ¡No me digas que te apetece convertirte en Princesa del Mes!

—A mí no, pero parece que a las demás sí. Además, es repugnante engañar así y adjudicarse los méritos de las que estudian. Deberíamos encontrar un modo de impedirlo —exclamó Vicky, tan furibunda como su abuelo Tamarindus de Hernett-Holenia, cuando se dio cuenta de que el profesor Von Kamill le había robado el fruto de muchos años de investigación sobre el uso del diptongo en Baja Tasmania.

—Sí, pero ¿cómo? —preguntó Lin. No podemos contárselo a Miss Middlepoint y meter en problemas a medio colegio. Hacer de soplonas es cosa de las Superfabulosas, no de las Cuatro Fantásticas.

Las chicas se miraron con desaliento. Sabían que la siguiente semana Brigitta y sus esbirras habían anunciado una fiesta del pijama, durante la cual Marguerite subastaría una invitación para el estreno de la película producida por su padre y protagonizada por Lutz, el chico de «sombría belleza» más popular del momento.

Había carteles de él en casi todos los dormitorios del colegio y las fotos «a la venta» de Marguerite eran amorosamente custodiadas bajo las almohadas de un montón de camas.

—Mirad esto —dijo Sunny, que acababa de hacer una rápida búsqueda en la red—. Es la página de la película *Cenicienta, mi amor,* con Lucius Lutz y Jenny Jinx.

—Aquí dice que es un *remake*, una versión actualizada de una película titulada *Los zapatitos dorados.* ¡De hace un siglo! —leyó Lin, acercándose—. Ahora que lo pienso, creo que la he visto en la tele, doblada al chino, cuando estaba en Hong Kong.

—¡Yo también la he visto! —dijo Vicky, que entretanto había perdido el equilibrio unas ocho veces—. Es un musical muy antiguo, pero precioso. No paran de echarlo por la tele.

—Yo también lo recuerdo —sonrió Sunny. La protagonista estaba fantástica. NO he olvidado lo guapa que era. Se llamaba…

—Se llamaba Charlotte Bouvier. Y, si queréis mi opinión, esta Jenny Jinx no le llega a la suela de los zapatos —dijo una voz familiar a su espalda.

La chicas de volvieron bruscamente. En la puerta estaba Miss Coralinda, con su nueva bata lila bordada con salamandras rosas y celestes. Un auténtico horror, pero no era por eso por lo que las Cuatro Fantásticas se habían quedado de piedra.

¡El toque de queda! Se habían olvidado de que a aquella hora su amable profesora solía hacer su ronda de control.

Generalmente, se metían en la cama y apagaban las luces justo a tiempo, antes de que llegase al fondo del corredor y doblase la esquina, pero en esta ocasión las había pillado. Era prácticamente inevitable un severo castigo.

—¡Miss Coralinda! Nosotras… —comenzó Vicky, indecisa, pero al parecer Middlepoint II no la escuchaba siquiera, porque entró en el cuarto y se dirigió al ordenador diciendo:

—Así que un *remake*, ¿eh? Si queremos llamar a las cosas por su nombre, yo diría que un sacrilegio.

6. Sola entre las cenizas

De: vickyforever@princesscollege.com
Para: tomatobio@villaipomea.com

Querida mamá:

¡Es verdad que las sorpresas no acaban nunca! ¿Te acuerdas de Miss Coralinda, la profe que enseña a combinar el calzado con el bolso y el bolso con el traje, o que nos explica cómo debemos agitar la mano para saludar con gracia en las ceremonias oficiales?

Todas la queremos (salvo las Superfabulosas, que no quieren a nadie, excepto a su propio reflejo en el espejo, la ropa de firma y la tarjeta de crédito de sus padres), pero no imaginábamos que hubiese una pasión secreta en su vida.

Sin embargo, la otra noche descubrimos que Miss Coralinda siente una admiración incondicional. Para ser exactos, es la admiradora número uno de Charlotte Bouvier y de la vieja película en la que interpreta el papel de Cenicienta. Ya sabes, esa que tú, yo, Celeste y medio kilo de palomitas vimos juntas en la tele la última Navidad.

No te lo vas a creer, pero la Middlepoint II tiene la segunda colección más importante del mundo de lo que ella denomina *memorabilia:* carteles y programas originales de *Los zapatitos dorados,* el delantal que Charlotte Bouvier lucía en la escena en que se prueba el zapato, las tijeras que Clark Clarkson (el actor que hacía de príncipe) empleaba para recortarse el bigote, un antiguo estuche de polvos de la marca Cenicienta, la peluca de la madrastra y varias copias de la peli.

Según parece, la ha visto ciento diecisiete veces, se la sabe de memoria, hasta tal punto que es

capaz de repetir las palabras una por una. ¡Tendrías que haberla oído cantar *Sola entre las cenizas*, como hizo anoche en nuestro dormitorio!

Su mayor sueño es añadir a su colección los zapatos con los que Cenicienta acude al baile, que desaparecieron misteriosamente del estudio de cine junto con la actriz. De hecho, Miss Coralinda nos contó que inmediatamente después del éxito de la película, la Bouvier se esfumó. Hace al menos cincuenta años que no se sabe nada de ella, y *Los zapatitos dorados* sigue siendo su única película.

Según parece era extraordinaria, a la vista de que después de tantos años el público no la ha olvidado. Por no mencionar a Miss Coralinda, que conoce toda su historia (menos dónde acabó, naturalmente).

Creo que nuestra profe se siente una verdadera Cenicienta sin hada madrina, quizá porque Middlepoint I es una mezcla de madrastra y hermanastra juntas en una sola persona. Y puedes creerme si te digo que me ha puesto un castigo ridículo: hoy tengo que ayudar a Lucille a ordenar la cámara frigorífica por llevar en la chaqueta de mi uniforme la chapa en forma de cebolla sonriente que Celeste ganó con los puntos de los encurtidos.

Todo este *revival* cenicientesco me ha hecho pensar en una cosa: ¿Cómo me sigue entusiasmando semejante personaje?

Porque debo reconocer que me gusta mucho. A fin de cuentas, es capaz de ponerse el vestido prestado por un hada tacaña (¡tiene que devolvérselo antes de medianoche!), perder el zapato y casarse con un príncipe a quien apenas conoce. ¡Cosas que yo no haría nunca!

Un beso, o mejor dos, de tu

Vicky

P.D.: ¿Cómo van los entrenamientos de Celeste y Hursus? Quizá deberían hacer algo con sus trajes. A menos que para los bailarines de danza acrobática sea obligatorio parecer un cruce entre árbol de Navidad y un cartel de neón.

De: tomatobio@villaipomea.com
Para: vickyforever@princesscollege.com

Tesoro mío:

Estoy segura de que un pin con una cebolla sonriente, y además de plástico fosforescente, es una de las cosas más fantásticas que una chica puede lucir en su chaqueta. Aunque puede que no en la del uniforme del colegio... Tengo la impresión de que, en esta ocasión, vuestra directora-madrastra-hermanastra no andaba desencaminada, pero un castigo por eso me parece un poco exagerado.

Sí, me acuerdo muy bien de *Los zapatitos dorados*. ¡La he visto tantas veces que he perdido la cuenta! En mi opinión, Charlotte Bouvier es la actriz más guapa que jamás haya aparecido en la pantalla. Y era muy espontánea, muy natural. En resumen, irresistible.

Si buscas a alguien experto en Cenicenta, aquí estoy yo. Mi padre tenía una droguería, yo cultivo tomates y me he casado con un verdadero príncipe pese a que ya no tenga palacios, castillos y tesoros, sino una consulta de veterinario y una curiosa casa con goteras.

Por supuesto, estoy bromeando. Nadie se ha sentido menos Cenicienta que yo y no solo porque no haya tenido un par de zapatitos dorados.

Por no mencionar que, durante nuestra segunda cita fui yo la que tuvo que ponerle a tu padre un zapato del 45, que había perdido mientras atrapaba al doberman de los Henderson, que no se dejaba sacar un diente.

Volviendo a tu pregunta, diría que te tomas la historia de Cenicienta demasiado al pie de la letra. ¿No te ha dicho nadie que los cuentos son sueños que compartimos todos?

Intenta mirarlo desde otro punto de vista: quizá no sea una trepa que se cuela en los bailes para atrapar a un marido rico, sino una muchacha dispuesta a todo para encontrar al hombre adecuado, aquel que verdaderamente es para ella. Y por eso está dispuesta a correr riesgos y a desafiar a unas holgazanas como la madrastra y las hermanastras…

Pero seguro que ya lo sabes, porque sigues viendo *Los zapatitos dorados* cada Navidad con la expresión de quien acaba de desenvolver el mejor regalo del mundo.

Ahora te dejo, porque antes de bañar a las gemelas tengo que inflar su King Kong de goma. Sabes que sin él no se meten en la bañera.

Un abrazo de

Mamá

P.D.: En cuanto al vestuario, estamos pensando en ello. Es verdad que son un poco… chillones. Pero esos dos no pueden ir con uniforme de cartero, como proponía Hursus. ¡A Celeste le sienta fatal la gorra con visera!

7. Doble timo

De haber podido, las tres habrían echado una mano. Pero aquella tarde Nell tenía que entrenar con el equipo y a Sunny le había tocado tragarse una clase complementaria de *Fashion & Look*, asignatura que amenazaba con rebajar su nota media… Así que Lin era la única que podía ayudar a Vicky, obligada a cumplir su castigo a las órdenes de Lucille, convencida de que los alimentos frescos eran dañinos para la salud y que la descongelación era un arte reservado a los grandes chefs.

La cocinera las había recibido embutida en un mono blanco ribeteado con piel, grandes gafas para nieve, monstruosas botas de pelo naranja y un cincel para hielo entre sus manos enguantadas.

Cuando las vio llegar con vaqueros y camiseta, exclamó:

—¿Dónde creéis que vais así vestidas? A mi cámara seguro que no. Vamos, id a cambiaros. En aquel armario tenéis todo lo necesario.

Disfrazadas de exploradoras polares, las chicas habían pasado un par de horas dentro del enorme congelador, controlando los platos preparados ultracongelados para aguantar cincuenta años y colocándolos en orden alfabético.

Tras concluir aquel gélido trabajo forzado, se dirigieron por fin a la mediateca, donde habían quedado con la otra mitad de las Cuatro Fantásticas.

—¡Eres un cielo, Lin! Entre las dos hemos acabado mucho antes —dijo Vicky, mientras atravesaban el vestíbulo.

—En el fondo, ha sido divertido. Algo así como ir de expedición al Ártico acompañadas de la abominable mujer de las nieves —rió Lin. Cambiando de tono y señalando con el ceño fruncido a un grupo de chicas paradas al pie de las escaleras, añadió—: ¡Tiburones a la vista!

—Sí, tres tiburones y un pececito —confirmó Vicky, lanzado una ojeada a Brigitta, Marguerite y Scarlett, que andaban confabulando con Dida Smart, una compañera tímida y solitaria como pocas, pero muy buena en latín.

—¿Ya habéis vuelto del polo Norte? Lástima, esperábamos que fuese un viaje solamente de ida —dijo Brigitta cuando pasaron a su lado, sacudiendo la melena rubia artísticamente despeinada con una risita muy parecida a un rebuzno.

Sus lacayas también rebuznaron con aire de suficiencia.

—Azunto cegado, Dida —dijo Marguerite y, respingando la nariz, las Superfabulosas se largaron, dejando plantada a su «clienta».

Esta ni siquiera se dio cuenta, porque estaba contemplando arrobada la foto que tenía en la mano: Lucius Lutz en todo su esplendor, con la cazadora de cuero negra que era su sello distintivo.

Cuando, finalmente, alzó los ojos, se encontró con las miradas de curiosidad de Vicky y Lin, que permanecían a un paso de ella.

—Mirad esto: *Para mi nueva amiga, la encantadora Dida*. Firmado, *Lucius*. No me lo puedo creer: ¡Marguerite le ha hablado de mí! —dijo con arrebato.

Observando su expresión soñadora, Vicky se guardó lo que estaba a punto de decir.

—¡Fantástico! Qué suerte tienes, Dida —comentó amablemente.

La chica se alejó y Lin susurró a su amiga:

—¡Mírala! Camina a diez centímetros del suelo. Quién sabe cuántas traducciones de latín le costará esa foto.

—Hay algo que no cuadra —reflexionó Vicky, encaminándose a la escalera—. Vale que Marguerite es la hija del productor, pero a juzgar por el número de fotografías que esas tres han vendido, Lutz debe de pasarse todo el día escribiendo dedicatorias.

—Imposible, porque está ocupado con el lanzamiento de *Cenicienta, mi amor.* Espera… esas dedicatorias son falsas —remató Lin triunfante.

—Exacto. Probablemente las escriben ellas —dijo Vicky abriendo la puerta del salón, desierto a esa hora, donde aguardaban Nell y Sunny.

La modernísima mediateca del Princess College era motivo de alarde y orgullo para Miss Middlepoint, que la había presentado a las chicas y a sus padres como un auténtico Templo de las Artes Visuales: en la práctica, un sitio donde se podían ver películas, escuchar música, vídeos y hasta hacer uno con el fantástico equipo que una antigua alumna había regalado al colegio.

El lugar justo para buscar el DVD de *Los zapatitos dorados*, en suma, dado que a fuerza de comentarlo entre ellas y con Miss Coralinda, las cuatro tenía ganas de volver a ver la película.

—¡Las Superfabulosas son repugnantes! —explotó Vicky, nada más sentarse ante la pantalla del ordenador de

última generación del que Sunny se había apropiado—. Lin y yo estamos seguras de que son ellas las que escriben las dedicatorias «personalizadas», y no Lucius Lutz.

Nell, que después del entrenamiento, tenía un nuevo y flamante moratón en la rodilla, susurró en voz baja:

—¡Vaya! Doble timo: falsifican dedicatorias y cobran por ellas.

—Era de esperar —dijo Sunny, introduciendo el DVD en el ordenador—. Si encontrásemos un modo de desenmascararlas sin perjudicar a las demás…

—¡Lo encontraremos! ¡Claro que lo encontraremos! No podemos dejar que nos derroten esas víboras —se prometió Vicky a sí misma, mientras aparecían en el vídeo los créditos iniciales y comenzaba la música.

Al final, las cuatro se quedaron fascinadas por enésima vez con una vieja película que se sabían de memoria. El mérito de aquel perpetuo hechizo era todo de Charlotte Bouvier: los otros actores se desvanecían en presencia de ella, los empalagosos diálogos parecían casi aceptables cuando los pronunciaba ella.

Charlotte traspasaba la pantalla, ya fuese vestida de harapos o con un miriñaque con el cual el hada la enviaba al baile. En particular, frente a un príncipe que habría estado pasable de no ser por aquella expresión de pescado hervido y un caracol mantenido sobre la frente con kilos de brillantina.

—Esta es mi escena favorita —murmuró Sunny mientras el príncipe vestido con unas ridículas mallas azules y un jubón con las mangas abullonadas se arrodillaba delante de Cenicienta.

Y de la larga falda, tosca y llena de remiendos, asomaba en primer plano un delicado piecito descalzo, que se deslizaba dentro de un zapato minúsculo con tacón de cristal.

—Debía de calzar un treinta y cinco —suspiró Nell, echando una ojeada a sus grandes pies de deportista.

—Sí —dijo Vicky pensativa, con un extraño brillo en los ojos. De repente, se inclinó hacia el monitor y pidió: —Sunny, para la imagen y haz zoom sobre el zapato. Agranda la imagen todo lo que puedas.

Al segundo, el zapato dorado ocupaba toda la pantalla. Las amigas lo contemplaban perplejas. Vicky lo miró un buen rato en silencio.

—Sí, es el mismo. Pero para estar segura, será mejor que se lo pregunte a Norman —dijo después.

8. Corazones solitarios

De: savetheanimals@villaipomea.com
Para: vickyforever@princesscollege.com

Queridísima Vicky:

¡Qué coincidencia! En tu reciente mail me pides noticias de las señoritas Blanding y precisamente hoy, cuando he acudido a Castle Cottage para una revisión rutinaria a Sigismondo (está en plena forma), ellas también te han mencionado. Y con un entusiasmo más bien insólito en dos personas tan reservadas.

Al parecer, tus amigas y tú causasteis muy buena impresión, porque me han comentado que hacía mucho, mucho tiempo que no pasaban una tarde tan entretenida.

Y, además, Norman y su dirigible brindaron a su cerdo una maravillosa ocasión de demostrar su valía.

¡Qué sociable es ese animal! Me da la sensación de que se considera un humano honorario más que un premiadísimo ejemplar de cerdo moteado, próximo ganador del primer premio en la Feria del Condado en la competición de Salvamento y Socorrismo.

Confiemos en que sus dueñas no sufran una decepción al final, porque se comenta que este año el jurado está pensando admitir únicamente perros. La idea es de Mister Splugged, que no quiere rivales para Marius, su golden retriever.

Se podría intentar enderezarle las orejas e inscribirlo en el concurso como moloso de tamaño extragrande, pero Sigi es demasiado honrado para rebajarse hasta ese punto.

Un abrazo de

Papá

P.D.: Deséame suerte. Esta noche me toca a mí acostar a las gemelas. Aunque «acostar» no es la palabra adecuada. ¿Cómo definirías tú una pelea de lucha grecorromana con dos crías en pijama que, por mucho que las lavemos, huelen permanentemente a cerdo?

De: tomatobio@villaipomea.com
Para: vickyforever@princesscollege.com

Querida Vicky:

Ya sabíamos que tus hermanas estaban locas con ese animal, pero hasta esta mañana no imaginábamos cuánto.

¡Han decidido apuntarlo a una agencia de contactos para cerdos!

Resumiendo, que le están buscando una novia a Sigismondo. Y recorren las granjas de la zona lanzando un reclamo que, según parece, atrae como moscas a los cerdos.

Menos mal que el lechero las vio en la calle que lleva al pueblo y consiguió avisarnos a tiempo.

Las dos flautistas mágicas volvían a casa cantando a voces «Piggy, piggy, ooh», seguidas por una hembra con sus nueve lechoncitos, un enorme macho negro de la raza devon y otro ejemplar que, a decir verdad, parecía un jabalí, aunque con muy buen carácter. Tu padre ha tenido que emplearse a fondo para echarlos y hacer que regresasen al sitio de dondequiera que viniesen.

No es que yo tenga nada contra los cerdos, pero estoy deseando que las Blanding encuentren a otra persona capaz de tener contento a Sigi.

¿Por qué, de pronto, me preguntas tanto por ellas? No será por el fangoso asunto de vuestro encuentro hace unos días? Además, no tengo nada que contarte.

Las señoritas viven en Willow hace cincuenta años, pero nadie sabe gran cosa acerca de ellas. ¡Son muy reservadas! Si buscaban un sitio donde nadie metiese las narices, eligieron bien: nuestro pueblo es el menos chismoso de todo el condado.

O casi, si nos olvidamos de Hursus. Aunque Celeste dice que nunca consiguió descubrir nada acerca de las misteriosas Blanding, aparte de que no reciben otro correo que publicidad, cosa que a ellas les da lo mismo porque Sigismondo se la zampa encantado.

Un beso de
Mamá

P. D.: Puede que hayamos resuelto lo del vestuario para el concurso de baile. Hursus llevará su uniforme de cartero y Celeste quiere disfrazarse de sobre, con el sello y la dirección de nuestra casa escrita con una bonita caligrafía.

Buena idea, ¿no te parece?

De: megagenius@royalacademy.com
Para: vickyforever@princesscollege.com

Pienso que estás en lo cierto, Vic. Mi carburante para dirigibles no será un triunfo, pero mi legendaria supermemoria fotográfica funciona mejor que nunca.

Claro que el zapato es igual que el que vimos en la vitrina del salón de Castle Cottage. El de las Blanding tenía una hendidura en la punta, y en la ampliación que me has mandado se aprecia la misma marca pequeña en zigzag.

No puedo equivocarme, lo he mirado bien.

En general, no me interesa mucho el calzado femenino, pero aquel zapato estaba junto a una armónica con embocadura de madreperla que a mi padre le habría encantado. A propósito, mi madre ha tirado a la basura su nuevo banjo. Me temo que él se ha pasado con las repeticiones de *Country man*.

Además, el zapato me impresionó porque me pareció demasiado grande para una muñeca, y demasiado pequeño para una persona. Yo, por ejemplo, calzo un treinta y nueve con solo diez años, por no mencionar a Harry Rompehuesos, que calza un cuarenta y uno.

Por cierto, ¿no podrías convencer a Nell de que haga las paces con él? Discutieron por la táctica de las Princesas en el terreno de juego y hace una semana que no se hablan. Harry está un poco alterado y me ha colgado ya tres veces en el perchero de nuestra habitación.

Bueno, no consigo entender el interés de ese zapato, pero espero haberte sido útil. Si, por casualidad, tienes noticias de Sigismondo, házmelo saber. A fin de cuentas, ese cerdo con manchas me ha salvado la vida y hay cosas que uno no olvida.

Norm

P.D.: He comenzado a construir el *Sunny II*, pero todavía no he resuelto el problema del carburante. Tal vez si añado un poco de Noche Tropical, el esmalte de uñas de mi madre… Es inflamable en el punto justo. Pero no se lo digas a Sunny, que se preocupa.

9. ¿Quién ha visto a Cenicienta?

No, no tenía sentido seguir comiéndose el coco con la posibilidad de que una de las hermanas Blanding fuese Charlotte Bouvier, la protagonista de *Los zapatitos dorados*.

Tras la revelación de Vicky, las chicas habían discutido largo y tendido el asunto. Siempre llegaban a la misma conclusión: tenían que dejar a las señoritas en paz.

Después de todo, los motivos de que el zapato se encontrase en su salón podían ser infinitos. Quizá lo habían comprado en algún mercado de antigüedades o se lo habían regalado.

Ni siquiera el hecho de que su aparición en Willow y la desaparición de Charlotte coincidiesen en el tiempo significaba gran cosa. Las coincidencias existían.

En lo referente a su manía por el aislamiento, puede que fuese simplemente un deseo de estar solas, y no un intento de borrar sus huellas.

Por último, ninguna de las Blanding, arrugaditas como manzanas de invierno, se parecía a la maravillosa protagonista de *Los zapatitos dorados*.

—Olvidémonos del tema. Nunca sabremos qué pasó realmente y ellas tienen derecho a sus secretos —dijo Vicky.

Y eso puso fin a la discusión. O no, como descubrieron durante la salida del viernes por la tarde: una larga y ruidosa tortura disfrazada de concierto de banda en el parque público de Wade City.

Por suerte, las cuatro se habían sentado prudentemente al fondo. Miss Middlepoint, con su vestido color lavanda estilo madrina de boda y un sombrerito colocado en equilibrio sobre el peinado, estaba sentada en la primera fila. Así que no fue difícil escaquearse sigilosamente, aprovechando el hecho de que Miss Blue, la profe de Música, que habría debido vigilarlas, se había quedado frita en la silla de forjado, superada por la duodécima marcha militar y el calor primaveral.

—Sé que una Perfecta Princesa no hace estas cosas, pero estaba a punto de reventar —exclamó Vicky, estirando los brazos como si quisiese abarcar todo lo que tenía a su alrededor, desde el viejecito que echaba pan a los patos del estanque a los críos que jugaban a los bolos.

Luego, con la alegría de un convicto que sale del túnel pacientemente excavado bajo su celda, dijo:

—Y ahora... ¡un helado!

—¡Síííí! —aprobó Lin, quitándose la chaqueta rosa, lanzándola al aire y recogiéndola al vuelo—. Ahí mismo está *Ciccio e Pisello*, la mejor heladería italiana.

—No olvidéis estar pendientes de la música —intervino Sunny, con las trenzas al viento—. En cuanto acabe, tenemos que volver corriendo. Si Miss Middlepoint descubre que nos hemos largado, en lugar de hacernos reordenar la cámara frigorífica nos congelará vivas.

—La última que llegue al quiosco es una Superfabulosa —chilló Nell, y partió a la carrera seguida de las otras.

Pero el destino no había dispuesto que las cuatro amigas llegasen a tener en sus manos aquel cono de chocolate y nata, que las esperaba a la vuelta de la esquina.

Al pasar delante del quiosco de prensa situado entre dos parterres de geranios, Vicky vio algo por el rabillo del ojo: la portada de una revista en la que destacaba una cara conocida. En realidad, eran dos y fue la segunda la que, cuando se paró a mirar, hizo que un escalofrío le recorriese la espalda.

Un instante después tenía algunas monedas menos, un ejemplar de *Movie News* más y una expresión tan alarmada que una madre que paseaba a su bebé en el cochecito estuvo tentada de preguntar si se sentía bien. Dos instantes después, las Cuatro Fantásticas estaban apretujadas en un banco, al lado de un alto seto de boj que rodeaba el busto en mármol blanco de un señor con sombrero de copa y bigotes retorcidos.

—Mirad esto —dijo Vicky, metiéndoles bajo las narices a sus amigas la revista en la que resaltaba un titular en letras plateadas: *¿Quién ha visto a Cenicienta?* Encima, aparecía una fotografía de Charlotte Bouvier al lado de otra de… Miss Athena Blanding.

—No… no lo entiendo. ¿Cómo es posible? —preguntó Nell, desconcertada.

Lin contempló la portada en silencio. A continuación, declaró:

—La foto de Miss Blanding no es real, es una imagen generada por ordenador. Han envejecido el retrato de Charlotte, eso es todo.

—Hay programas que lo hacen —coincidió, sombría, Sunny—. Norman y yo utilizamos uno para ver cómo seremos dentro de diez años. Aquí han añadido cincuenta y ese es el resultado.

¡Pobres señoritas! Ahora, hordas de periodistas a la caza del cotilleo acamparían delante de la cancela de su granja, acompañados de admiradores maníacos como Miss Coralinda, que no las dejarían en paz y las incordiarían para conseguir cualquier otro recuerdo.

—¿Por qué quieren arruinarles la vida a ella y a su hermana? ¿Tendrá algo que ver la nueva película? —reflexionó Vicky, hojeando frenéticamente la revista.

La respuesta se hallaba en las páginas centrales. Allí se hablaba del gran concurso que la productora Dupont había organizado con motivo del *remake* de *Los zapatitos dorados*. El artículo contaba que quien lograse averiguar qué había sido de la maravillosa e inolvidable Charlotte, recibiría la noche del estreno una copia en oro macizo

de los famosos zapatos de manos de Lucius Lutz y Jenny Jinx, con los tacones de brillantes en lugar de cristal.

La imagen de una Cenicienta «envejecida» servía para aportar una pista a los participantes. Mientras la miraban, las chicas se fijaron en el enorme cambio de Athena. Los años la habían transformado en otra persona: solo los ojos azules seguía siendo los mismos.

—No sería raro que alguien del pueblo la reconociese. Ellas prefieren leer el *Almanaque del Agricultor.* Pasarán unos días hasta que todos se enteren de que su verdadero nombre es Athena Blanding y que vive en Willow, así que tendremos tiempo de avisarla.

—No, no creo que lo tengáis —dijo una voz sibilante y demasiado familiar.

Detrás de ellas, las ramas crujieron y se separaron dejando asomar los rostros de Brigitta y sus secuaces, acompañados de una sonrisa de serpiente satisfecha.

Evidentemente, las Cuatro Fantásticas no eran las únicas que habían abandonado el concierto a escondidas.

—Y muchas gracias por la información —se regocijó Brigitta—. Se la transmitiremos de inmediato al padre de Marguerite. La recompensa y las fotos en la prensa serán para mí..., quiero decir, para nosotras tres.

—No te atreverás, Brigitta Peabody, o le contaré a todo el mundo que cobras dinero por dedicatorias falsas. Y luego te arrancaré uno a uno los cuatro pelos que tienes en la cabeza —dijo Vicky, congestionada por la cólera.

Pero Lady Peabody no se inmutó. Estirando la nariz, miró de arriba abajo a sus eternas rivales.

—Cuenta lo que te parezca, no tienes pruebas. A quién piensas que creerán, ¿a ti o a mí? Y si te atreves a tocarme, Miss Middlepoint te expulsará del colegio de inmediato.

Si el bisabuelo Alphonse hubiera estado allí, habría reconocido en Vicky a su digna descendiente, porque estaba a punto de reaccionar como había hecho él cuando, en los bajos fondos de una lejana ciudad, un ladrón había intentado robarle el portafolios y el casco de explorador del que nunca se separaba.

Solo un estruendoso golpe de platos que procedía del palco de la banda salvó a Brigitta de un buen puñetazo en la nariz.

10. La suerte está echada

—¡No! No me digas que tus padres también han ido a ver el campeonato provincial de baile acrobático —exclamó Vicky, mirando a Norman que la miraba a su vez desde el monitor con aire preocupado.

Él, que lucía su camisa a cuadros más chillona, respondió como excusándose.

—Sí, creo que Hursus, mi padre y el alcalde han sacado hasta las pancartas con su lema *¡Ánimo, ánimo Willow Football Club!*, que utilizaban en los partidos el año pasado. Teniendo en cuenta que Celeste es defensa de nuestro equipo, deberían valer.

Hacía al menos dos horas que, encerrados en sus cuartos del Princess College y de la Royal Academy, los cinco (seis, contando a Harry *Rompehuesos* Drake, que no era de mucha ayuda y se limitaba a ofrecer apoyo moral, a mirar a Nell con ojos de pescado hervido y decir «Ugh» de vez en cuando), intentaban inútilmente ponerse en contacto con las señoritas Blanding.

El tiempo apremiaba, porque Marguerite se lo había largado todo a su padre apenas las «princesas» habían vuelto del parque. La triunfal conferencia de prensa de la productora Dupont estaba prevista para aquella tarde.

La noticia de que el misterio de la desaparición de Charlotte Bouvier parecía resuelto era demasiado apetitosa para postergar su anuncio.

—Cómo es posible no tener, ya no digo ordenador o móvil, pero al menos un teléfono fijo. ¡Estamos en el siglo XXI, no en la Edad Media! —estalló Sunny, escandalizada.

Tras una veloz búsqueda en la red, había descubierto que el único modo de que la noticia llegase a Castle Cottage era emplear una paloma mensajera, o que alguien se tomase la molestia de ir hasta allí y contar a las hermanas Blanding que un aluvión de equipos de televisión, periodistas diversos, coleccionistas de recuerdos y devotos admiradores de Charlotte Bouvier estaba a punto de hacer trizas su tranquilidad.

Empezaron por telefonear a los padres de Vicky, que se habían marchado en su furgoneta a la carpa donde se desarrollaría el concurso de baile, llevándose con ellos a las gemelas bañadas y empapadas en colonia para atenuar el olor a cerdo.

Parecía que todos en Willow habían seguido su ejemplo.

—Veamos a qué hora sale el primer autobús —sugirió Lin—. Quizá podamos escapar sin que nos vean, coger uno y llegar a tiempo de prevenirlas antes de que se desencadene la barahúnda.

Vicky consultó rápidamente el horario que guardaba en el cajón de su mesilla y alzó los ojos.

—Nada que hacer. El último autobús ha salido hace media hora.

—¿Tren? —sugirió desde la pantalla el cadete Drake, con su estilo insuperablemente conciso.

—¡En Willow ni siquiera hay estación! —contestó ella.

En la estancia se produjo un profundo e incómodo silencio.

Luego, desde el iPod de Lin, sintonizado con las noticias de la tarde, llegó una voz que decía:

—*Para alegría de todos los admiradores, presentes y futuros, de la Cenicienta más apreciada de todos los tiempos, Mister Marmaduke Dupont, de la productora cinematográfica Dupont, acaba de anunciar que…*

—Bien, la suerte está echada —dijo Nell, apagando el iPod—. ¿Y ahora?

Durante unos instantes nadie tuvo el valor de hablar, pero al final Vicky murmuró:

—Lo siento, lo siento mucho.

Norman echó una ojeada al reloj.

—Yo también. ¡Imaginad qué trauma para Sigismondo! Además, Harry y yo tenemos que despedirnos. Es casi la hora del toque de queda y debemos zambullirnos como patos bajo el agua.

Y con esta poética imagen, cerró la conversación.

Las chicas se prepararon para meterse en la cama, aunque estaban convencidas de que no pegarían ojo. Pero dentro de un instante, Miss Coralinda llegaría por el pasillo para su ronda de control y no era cosa de que las encontrase pegadas al ordenador y con las luces encendidas.

—Probablemente, las Superfabulosas estarán brindando —dijo Vicky, poniéndose el pijama de flores—. ¡Cómo me gustaría hacerlas tragar esos zapatitos de oro macizo! Si Brigitta piensa que esto se va a quedar así, se equivoca.

En ese instante la puerta se abrió, mientras un potente gorjeo anunciaba al mundo:

—¡No, no me equivoco! Este zapato le va perfecto…

Era lo que cantaba el príncipe cuando descubría que el zapato perdido le iba como un guante al piecito de Cenicienta. Solo que lo entonaba una aguda voz de soprano en vez de la voz de tenor de Clark Clarkson.

Miss Coralinda, envuelta en su bata lila, entró en la habitación con un alegre paso de baile, y con las mejillas rojas de alegría, preguntó:

—¿Habéis oído, queridas? Cenicienta ha vuelto. Piensa, Vicky, que durante todos estos años ha estado a un paso de tu casa. Qué no daría por verla en persona y pedirle un autógrafo… ¿Por qué me miráis así? ¿Y esa sonrisa, Victoria?

En efecto, Vicky sonreía por primera vez en el día. Acababa de intercambiar con sus amigas una mirada que decía: «¿Estáis pensando lo mismo que yo?».

Era como si en el último momento, el genio protector de todas las Cenicientas se hubiese despertado de un largo sueño y hubiese decidido, por fin, llamar a su puerta.

Y las Cuatro Fantásticas no tenían intención de dejarlo escapar.

11. Cuestión de pies

«Esa historia de Jekyll y Hyde debe de ser cierta» había pensado Vicky, observando a Miss Coralinda que, aferrada al volante de su pequeño coche japonés atestado de «princesas», pisaba el acelerador.

Apenas se había enterado de que «la querida Victoria» conocía personalmente a Athena Blanding, más conocida como Charlotte Bouvier, y podía llevarla directamente a su casa, la bondadosa profe se había transformado en una audaz aventurera. Tras echarse un impermeable por encima de la bata con salamandras, se había lanzado al garaje con las chicas pisándole los talones.

Después, sin pensar siquiera en advertir a su hermana mayor, que en ese momento estaba ocupada con las tenacillas y bigudíes necesarios para mantener en forma su

peinado, Middlepoint II había ordenado al jardinero que abriese la verja del colegio, ya cerrado por la noche.

—Yo asumo toda la responsabilidad, Piggot, había dicho con firmeza. Y el cochecito azul había salido disparado, devorando la carretera vacía, mientras las pasajeras entonaban a coro el tema de *Los zapatitos dorados*: *Nunca más sola junto a la cocina.*

No habían dejado de cantar durante todo el viaje, pasando revista a todo el ceniciento repertorio, pero una vez a la vista de Castle Cottage en el coche se impuso el silencio.

¿Miss Coralinda había detenido el coche porque, finalmente, era consciente de que había montado una buena al huir del colegio en plena noche sin avisar a nadie y arrastrando con ella a cuatro alumnas en pijama?

¡Ni por asomo! Lo que la había hecho enmudecer era la emoción por el inminente encuentro con su ídolo de toda la vida.

—Aquí es. Hemos llegado —dijo Vicky indicando la verja blanca de Castle Cottage, y había tirado de la campanilla.

Tras un enérgico campanillazo, enseguida llegó alguien a abrir. En el rectángulo luminoso de la puerta se dibujaba el perfil de Athena Blanding. En ese instante, Miss Coralinda, sobrepasada por la emoción, se había desmayado.

Dado que no era un peso pluma, para conducirla dentro necesitaron la carretilla que las hermanas Blanding empleaban para recoger las hojas caídas (y también para pasear a su cerdo cuando estaba cansado por el exceso de entrenamiento: pero eso era mejor que no lo supiese Coralinda). Ahora estaban sentadas las siete, invitadas y

anfitrionas, en torno a la mesa de la cocina, delante de sólidos tazones de tila.

—¿Se siente mejor, querida? —preguntó afectuosamente Miss Athena a su más fiel y apasionada admiradora.

—Oh, sí... mejor, mucho mejor —balbuceó Miss Coralinda, que poco antes se había pellizcado un brazo a escondidas, para asegurarse de que estaba allí, con Cenicienta en persona. Más vieja, se entiende, pero era Ella, absolutamente, con la misma voz que había hecho inolvidable su única película.

—Mientras esperábamos a que se recuperase, las chicas nos lo han contado todo —intervino Euphrasia—. A estas alturas, solo nos queda hacer frente a la situación.

—¿No piensan huir de los periodistas? —preguntó Vicky, envolviéndose en un suave chal que las señoritas le habían prestado.

Athena sonrió y por un momento el parecido con su yo más joven fue evidente.

—Antes o después tenía que pasar, aunque después de tantos años confiábamos en que nadie se acordase ya de mi Cenicienta.

—¡Olvidar *Los zapatitos dorados*! —dijo de repente Miss Coralinda—. ¡Estará bromeando! Es la película más bonita de todos los tiempos.

—Un fastidio, si quiere mi opinión. Y un error, al menos para mí —dijo secamente Athena.

Luego, volvió a sonreír, contemplando las caras perplejas de las chicas y la escandalizada de su profesora.

—Quizá convendría que os explicase lo que pasó. En realidad, a mí siempre me gustó la vida en el campo. Hice aquella película por casualidad, tras escoger un seudónimo francés y creyendo que sería divertido. De hecho, lo fue. Pero una vez terminamos de rodar comenzaron los problemas. Me hice famosa, ¿entendéis?

–«Para alguien como Jenny Jinx, con su horrible piercing en el ombligo y el pelo teñido de cuatro colores distintos, no habría sido un problema», pensó Vicky.

Sin embargo, Athena no lo había llevado bien. Las conferencias de prensa, el asedio de los periodistas

chismosos, la promoción, el hecho de no poder salir ya sin ser reconocida y asaltada por fotógrafos y admiradores... En resumen, había empezado a sentirse atrapada.

—Además, estaba la cuestión de los pies —dijo Euphrasia, guiñando un ojo a su hermana—. Aquello era lo peor de todo.

—¿Los pies? ¿Qué quiere decir? —soltó Miss Coralinda.

Athena se levantó y todas observaron las enormes pantuflas. Para ser una mujer tan menuda, tenía unos pies verdaderamente grandes.

—Calza por lo menos un cuarenta —dictaminó

Lin, que, como buena pintora, tenía buen ojo para las medidas—. Por eso…

—Por eso ni siquiera podía meter la punta en aquellos zapatitos del número treinta y cinco —remató Vicky, y se echó a reír junto con las otras.

—Pero… pero… ¿Y la escena del zapato? En la película se aprecian muy bien los famosos piececitos de hada de Cenicienta —balbuceó, incrédula, Miss Coralinda.

—Sí, pero solo cuando el encuadre era un primer plano. En las escenas de cuerpo entero siempre llevaba faldas larguísimas, que escondían todo. Y los productores querían obligarla a llevarlas también fuera del estudio, para que no se descubriese el truco. ¡Un auténtico fastidio! —dijo Euphrasia, con un brillo de malicia en los ojos.

—¿Quiere decir que aquellos pies no eran de Athena? —preguntó lentamente Sunny.

Desde luego que no lo eran. Los delicados pies que entraban sin problema en el zapatito perdido pertenecían a Euphrasia.

Nadie se había enterado, porque la productora había hecho firmar al director, a los técnicos y al resto de los actores un férreo contrato que preveía tremendas multas para los que se fuesen de la lengua.

Vicky recordó lo que había escrito su madre: los cuentos son un sueño compartido. Y lo mismo se aplicaba al cine, que sumaba sueño a sueño, ilusión a ilusión.

—¿Entendéis ahora porqué elegí «alejarme» del cine y vivir mi vida como yo quería? —suspiró Athena—. No había previsto que aquella película se convertiría en una leyenda y que tendríamos que seguir ocultándonos de la curiosidad ajena.

Miss Coralinda se ruborizó: por primera vez, sentada al lado de su Cenicienta, se daba cuenta de que detrás del rostro y la voz de Charlotte Bouvier había una persona. En parte, era culpa de los fans irreductibles como ella que Athena y Euphrasia hubiesen llevado una vida tan solitaria.

—Y ahora, adiós paz —concluyó Euphrasia—. Imagino que mañana por la mañana se desplegará un pandemonio en los alrededores.

Las «princesas» se miraron. Era cierto (aunque nada comparado con la que montaría Miss Amelia cuando se diese cuenta de su fuga nocturna) que la Dupont Production había organizado las cosas de aquel modo para publicitar su espantoso *remake*.

Y la culpa era toda de las Superfabulosas, de aquellas escuálidas e insoportables esnobs que habrían hecho cualquier cosa para hacerse notar. ¿Sería posible que no hubiese alguna forma de dar una lección a aquellas tres y librar del problema a Athena y Euphrasia?

Sí que había una manera… y Vicky sabía cuál era.

—Miss Coralinda… —comenzó—. ¿No le gustaría salvar a Cenicienta?

12. Operación Zapatitos dorados

Eran las seis de la mañana, pero en Castle Cottage nadie dormía.

Con las primeras luces del alba los camiones de varias televisiones y los coches de los periodistas habían cruzado el pueblo. Tras las ventanas del salón, ojos inquietos y al mismo tiempo esperanzados observaban el pequeño caos reunido delante de la cancela blanca de la granja.

—Santo cielo, estoy tan emocionada. No sé si seré capaz de enfrentarme a toda esa gente —decía Miss Coralinda, mientras bebía la enésima taza de café. Había pasado en pie, en compañía de las princesas y las señoritas, la mayor parte de la noche, perfeccionando el plan de Vicky y estudiando su papel.

—No se preocupe, profe —intentó tranquilizarla Vicky—. Se sabe de memoria el guión. No puede equivocarse.

Pero también ella se sentía menos confiada de lo que aparentaba. Coralinda estaba tan nerviosa que corrían el riesgo de que se olvidase hasta de su nombre.

—Ahí afuera empiezan a impacientarse —informó Lin, apostada junto a la ventana.

A pesar de haber dormido como mucho un par de horas, tenía el aspecto de quien se somete a un sueño de belleza de al menos ocho horas. Nell, en cambio, aún estaba tumbada en el sofá y, rendida, roncaba tan enrollada en una manta que parecía una salchicha gigantesca.

Teniendo en cuenta las circunstancias, también Sunny había estado a la altura. Solo sus lacias trencitas recordaban

la noche en blanco mientras por el móvil ponía a Norman al corriente de la Operación Zapatitos dorados, que comenzaría en un minuto. La jornada se iniciaría en la Royal Academy dentro de una hora, pero él prácticamente no había pegado ojo, al igual que las Cuatro Fantásticas, y susurraba al teléfono con la cabeza bajo las mantas para que no le escuchase el cadete Drake, que, si se despertaba bruscamente, podía reaccionar imprevisiblemente. Por ejemplo, colgándolo fuera de la ventana.

—Un tipo con un micrófono intenta saltar la verja. Ya tiene un pie sobre las peonías. Quizá sea hora de empezar, ¿qué me decís? Usted, profe, acuérdese de no quitarse el impermeable para que no se le vea la bata —sugirió Vicky—. Y usted, Miss Blanding, revuélvase un poco más el pelo. Cuanto menos se le vea la cara, mejor.

Para que el montaje tuviese éxito (porque de eso se trataba, a fin de cuentas) era importante que Miss Middlepoint tuviese un aspecto competente y profesional, mientras «Cenicienta» tenía que forzar su aspecto campesino y esconder en lo posible el rostro tras la mata de rizos.

Coralinda y Athena se colocaron la una al lado de la otra, cogieron aire y salieron de la casita; cogidas del brazo, se dirigieron a la cancela.

De repente, el sordo rumor que llenaba el jardín se transformó en un estruendo, mientras una selva de micrófonos avanzaba hacia ellas.

Por un instante, las dos señoritas retrocedieron asustadas (solo la verja de madera las separaba de aquella masa exaltada). Detrás de las cortinas, Vicky y Lin cruzaron los dedos, mientras Euphrasia susurraba:

—Esperemos que salga bien.

Coralinda se aclaró la voz y la elevó para que todos la escuchasen.

—Calma, calma, señores. Yo y Miss Athena Blanding estamos aquí para hacer una declaración oficial. Y, lo que es más, un desmentido.

La enviada de Canal Plus, una rubia con el pelo corto regado con medio kilo de gel, la interrumpió con un chillido:

—¿Quién es usted? ¿Y en qué consiste el desmentido?

—¿Es que Miss Blanding niega ser la mítica Cenicienta de *Los zapatitos dorados*? —añadió otra voz, aguda y seca.

—¿Por qué no aclara su desaparición tras su primera película? ¿Tiene algo que ocultar? ¡El público tiene derecho a saber! —gritó otro.

Coralinda Middlepoint cerró un momento los ojos, como para concentrarse. Cuando volvió a abrirlos, lo primero que hizo fue enarcar las cejas hasta situarlas en mitad de la frente, apretó los labios hasta reducirlos a una delgada línea y, al fin, con un tono en el que se percibía el viento gélido del Ártico, habló a un auditorio de reporteros repentinamente petrificados.

—¡Chicas, está empleando el método Middlepoint! —exclamó Vicky, y abrió un poco la ventana para escuchar mejor.

—Me llamo Coralinda Eugenia Middlepoint —comenzó la profesora, en el más puro estilo de Amelia la Sanguinaria—. Estoy universalmente considerada como la mayor experta viva en Cenicienta, además de coleccionista de recuerdos de *Los zapatitos dorados*. Por eso he querido verificar en persona la increíble noticia que Dupont Production comunicó ayer por la tarde.

El entusiasmo en la casa no tenía límites.

—Está fantástica, sencillamente fantástica. Los tiene en un puño —dijo Vicky.

—Ni siquiera Miss Amelia conseguiría ser tan... ameliesca —añadió Lin.

—... Y, con la autoridad que me concede mi experiencia, les garantizo que Miss Athena Blanding y Charlotte Bouvier no pueden ser la misma persona —dijo Miss Coralinda.

— ¿Y por qué deberíamos creerla? —se atrevió a preguntar una periodista con tacones de aguja de quince centímetros.

La temperatura en la voz de Coralinda bajó un par de grados y sus cejas se alzaron otro par de milímetros.

—Porque lo digo yo. Pero si no se fían, les ruego que observen con atención esos pies —señaló las zapatillas talla cuarenta de Athena—, y compárenlos con este zapato, el original perdido que se utilizó en la película, que hace tiempo forma parte de mi colección personal.

Con un gesto lento y solemne, sacó del bolsillo del impermeable el minúsculo zapatito dorado con tacón de cristal, que se había guardado poco antes de salir.

—¡Bien dicho! —comentó Sunny—. ¡Y ahora el golpe de gracia, profe!

Daba la impresión de que los periodistas acababan de recibir un vaso de agua fría en la cara.Algunos empezaron a guardar los micrófonos, mientras otros balbuceaban:

—Bueno... Es cierto que... Efectivamente... Qué liantes estos de la productora Dupont.

—¿Y Miss Blanding no tiene nada que decir? —preguntó alguien, aún no convencido.

Tras la cortina de pelo que le tapaba media cara, los ojos de Athena brillaron un instante. A continuación, la anciana respondió en un susurro:

—Claro que sí.

Y su voz se elevó en un largo y agudo reclamo:

—¡Piggy, piggy, piggy, oooh!

Al segundo se escuchó un sordo galope y por la parte de atrás de la casa aparecieron doscientos kilos de cerdo corriendo desenfrenados. Era Sigismondo, que con las orejas al viento, se lanzó hacia la cancela.

Dentro, Vicky, Sunny, Lin y Miss Euphrasia hicieron la ola tan sonoramente que Nell se despertó y preguntó con voz adormecida:

—¿Qué sucede?

—Nada, Nell. Es Sigi, que está persiguiendo a los intrusos. Vuelve a dormirte —respondió Vicky.

13. Parece que teníamos razón

De: vickyforever@princesscollege.com
Para: megagenius@royalacademy.com

Querido Norm:

¿Crees en la suerte? Yo sí, desde que conseguimos volver sin que nadie se percatase de nuestra fuga.

Afortunadamente, el domingo podemos levantarnos a la hora que queramos. Llegamos mientras todas dormían aún y nos limitamos a refrescarnos un poco y bajar al comedor, justo a tiempo de tropezar con Miss Amelia, que acababa de tomarse el café.

¿O era el café el que estaba acabando con Miss Amelia? Lucille, la cocinera, lo hace tan fuerte que, cuando

vas a beberlo, esa cosa negra parece siempre a punto de saltar de la taza y perseguirte.

Mister Piggot es el único que está al corriente de que cierto coche azul ha cruzado la verja después de la hora de cierre, en dirección a quién sabe dónde. Pero no tenemos que preocuparnos de él, porque aprecia mucho a Miss Coralinda y su gato Mellow Yellow adora a Nell. El animal asiste a todos los entrenamientos de la escuadra de las Princesas en el campo y ella lo atiborra de barritas energéticas.

Habrías tenido que ver a Miss Coralinda pisando el acelerador de vuelta al colegio. Además de conducir como una campeona de Fórmula Uno, ha demostrado ser muy valiente y una mentirosa de campeonato (o una extraordinaria actriz, si lo prefieres). Parecía la tía de un superhéroe, como mínimo.

En resumen, todo ha salido a las mil maravillas, sin hablar de la cara que ha puesto Marguerite cuando su padre la ha llamado al móvil antes de la comida.

Me da la impresión de que el señor Dupont está inaguantable tras enterarse de que la información de su hija respeto a Charlotte Bouvier era una inmensa farsa. Al terminar la llamada, de Marguerite no quedaba gran cosa.

Y piensa en lo que será de las Superfabulosas cuando hayamos regalado a todas sus «clientas» una copia del próximo número del *Gazzettino della Royal Academy*. Una gran suerte que Lutz sea exalumno de la Academia y que haya aceptado entusiasmado tu petición de entrevistarlo para vuestro periódico.

No veo la hora de que las «princesas» lean en primera plana que lamenta *muchísimo* no disponer de tiempo

suficiente para firmar personalmente las fotos destinadas a sus admiradoras.

Bueno, ahora te dejo. Sé que esta tarde tú y Sunny tenéis una romántica cita de monitor a monitor.

¡No os paséis con la física cuántica!

Vicky

P. D.: Nell ha decidido perdonar a Rompehuesos, porque él se ha disculpado delante de todo el equipo de las Princesas. Convéncele de que no se monte películas o pasará el resto del curso colgado de una farola.

De: vickyforever@princesscollege.com
Para: tomatobio@villaipomea.com

Querida mamá:

Sé que te habrás quedado con la boca abierta: no imaginabas que tenías como vecina a Charlotte Bouvier, ¿eh?

Quizá no habría debido contaros a ti y a papá toda la historia, pero estoy segura de que no diréis una palabra, especialmente a las señoritas, ahora que nadie sospecha que Miss Athena sea una Cenicienta a la fuga.

Es verdad que eso de convertirse en una leyenda viva es un incordio: peor que pillar la gripe nada más acabar las clases.

Pensándolo bien, creo que ambas han exagerado un poco al aislarse de esa forma, aunque había demasiada gente que quería meter las narices en sus asuntos. Si Charlotte no se hubiese rodeado de esa nube de misterios y preguntas sin respuesta, tal vez la prensa y los admiradores habrían perdido antes su interés por la presa.

O puede que no. ¿Quién sabe?

Sin embargo, pienso que las cosas cambiarán.

Para empezar, ayer por la mañana Miss Coralinda recibió un elegante paquete con un par de zapatitos dorados con tacón de cristal, para su colección.

Cuando Lucille consiguió finalmente hacerla reaccionar poniéndole un cuenco de *soupe de poivre* recién descongelada bajo la nariz (sí, sopa de verduras a la pimienta, no has leído mal), nuestra profe cayó en la cuenta de que

junto a los zapatitos había una cariñosa tarjeta. Las Blanding la han invitado a cenar a ella y a su caniche Princess. Genial, ¿verdad?

Un beso enorme de tu hija,

Vicky

P.D.: ¿Crees que te sería útil la receta de la *soupe de poivre*? Mister Piggot dice que va muy bien contra las plagas de las plantas.

De: vickyforever@princesscollege.com
Para: savetheanimals@villaipomea.com

Queridísimo papá:

Siento que Pau y Mau no se hablen con Sigismondo porque a él no le haya gustado la novia que le buscaron. Estaba claro que Doucette, la cerdita de los Anderson, no PODÍA ser su tipo. La recuerdo muy bien: simpática, sí, pero una melindrosa.

Pienso que Sigi se merece algo mejor y al parecer él opina lo mismo: en cuanto ha conocido a la Gran Helga en la Feria del Condado, se ha enamorado a primera vista. Qué coincidencia que los dos estuvieran inscritos en el concurso de Salvamento y Socorrismo.

¿En serio fingió que se ahogaba durante la prueba para que ella pudiese rescatarlo y ganar la escarapela azul? ¡Eso es amor!

Habrá sido una desilusión para las Blanding, pero no creo que se lo hayan tomado muy a pecho. Basta ver las fotos que me han mandado para darse cuenta de que están hechos el uno para el otro (¿me equivoco, o Helga es todavía más rolliza que Sigi?).

Me parece que todo ha salido bien: los novios se arrullan al borde del estanque, Pau y Mau han vuelto a su vida de siempre y vosotros podéis tirar todos los superdesodorantes comprados en los últimos meses.

Bueno, mejor esperáis antes de tirarlos. ¿Y si las gemelas eligen como nueva amiga a una mofeta?

Un gran abrazo de tu

Vicky

P.D.: Quería pedirte consejo. ¿Piensas que Nell debería dejar de darle al gato del jardinero avellanas glaseadas? A él le gustan (se zampa hasta el papel de embalar), pero no estoy segura de que le sienten bien.

De: vickyforever@princesscollege.com
Para: thebest@villaipomea.com

Querida Celeste:

Me he enterado de que hicisteis un gran papel en el campeonato provincial de baile acrobático.

Tuvo que ser genial cuando lanzaste a Hursus tan alto que hizo un agujero en la carpa y terminó en la copa del haya que hay al lado, la que llaman el Reloj de Willow porque es el árbol más alto de la zona. Mamá me ha contado

que los bomberos tardaron varias horas en bajar a nuestro cartero. Yo, en tu lugar, no me preocuparía: ya verás como en un par de meses volverá a dirigirte la palabra.

Es evidente que no fue culpa tuya. Habría sido mucho peor si el campeonato se hubiese celebrado en una sala con techo de hormigón armado, en vez de en una carpa como la de los circos.

¿Vendrás a reunirte conmigo el sábado al mediodía?

Podemos ir a ver *Cenicienta, mi amor,* la versión dark-punk-metal-splatter-rock de *Los zapatitos dorados,* aunque solo sea para echarnos unas risas.

Parece que el príncipe sale todo vestido de cuero negro, con ocho kilos de tachuelas encima y se desplaza en una moto tan grande como un apartamento, mientras Cenicienta lava cabezas en una peluquería unisex. Y el zapatito se convierte en una Martens con triple suela, que ella pierde al huir de una discoteca.

Miss Coralinda vio la peli ayer y si no se llega a esconder en los lavabos la habrían arrestado: llevaba una bolsa llena de tomates pasados y se puso a tirarlos contra la pantalla. ¡Gran mujer, nuestra Wonderprof!

Aunque no tanto como tú. Un abrazo gordo de

Vicky

P.D.: Si quieres hacer las paces pronto con Hursus, ¿por qué no le mandas un gran ramo de flores y una botella gigante de su kétchup preferido? ¡Ya sabes que se lo echa incluso a la manzanilla!

Las Cuatro Fantásticas

Para mí se terminaron las salchichas Y también los perritos calientes, el salami, la mortadela... En resumen, se acabó la carne de cerdo. Cada vez que veo una loncha de jamón veo a Sigismondo cuando se acerca a que le rasques las orejas y juega a la pelota con las gemelas (como portero, es fantástico). Cuando un animal pasa de ser «algo» a «alguien», ¿cómo se lo puede uno comer, o a los de su especie?

Quizá tenga razón mi padre, que es vegetariano. Dice que no se dedica a curar animales para encontrárselos luego en el plato. Entre otras cosas, me ha contado un montón de historias interesantes sobre los cerdos con manchas negras como Sigi (que pertenece a la raza Spotted Poland China). Aunque Polonia y China no tengan nada que ver con él, porque es una raza creada hace casi dos siglos en Estados Unidos) y sobre los cerdos en general.

He descubierto que son muy inteligentes, más que un perro, un gato o un caballo. Poseen memoria a largo plazo y no se limitan a aprender algo y repetirlo como pide el adiestrador, sino que la mejoran por su cuenta o inventan una cosa nueva para conseguir un determinado objetivo. Además, los cerdos tienen un «vocabulario» riquísimo compuesto de una cantidad de frases diferentes, y son cariñosos, fieles y limpios. A ellos no les gusta nada andar entre la porquería, son los humanos quienes los obligan a vivir en espacios reducidos

y atestados, sino que adoran el agua y son buenos nadadores.

Naturalmente, no huelen a perfume, como puede testimoniar CUALQUIERA que se haya relacionado con mis hermanas estos últimos meses. Pero, para ser sinceros, también los perros huelen a perro.

En resumen, he descubierto que lo único verdadero entre todas la cosas que se cuentan acerca de los cerdos es lo siguiente: comen un montón. ¡No imagináis lo que llega a zamparse Sigismondo! Para que os hagáis una idea de lo que suele merendar: dos cubos de leche, cuatro kilos de fruta y verdura, un bizcocho de miel, ocho mazorcas de maíz y una caja de bombones (cartón, celo y envoltorios incluidos, por supuesto).

Vicky

Sí, creo que lo he conseguido. Está listo el carburante apropiado y el *Sunny II* no tendrá problemas... cuando Norman haya logrado construirlo, claro. Para el anterior empleó todas las existencias de bolsas de plástico del supermercado de su familia, que debían durar un año, y su padre se... bueno, se enfadó un poco. En esta ocasión, Norm tendrá que utilizar las bolsas usadas que se encuentre. Puede que no le lleve mucho tiempo... Ha lanzado una petición a través de Twitter: «¡Se buscan bolsas de plástico desesperadamente!».

Construir un dirigible en estos tiempos puede parecer extraño, pero os aseguro que es la solución ideal para quien todavía no haya proyectado y construido su aeronave particular.

¿Sabéis quién inventó este curioso medio de transporte? Un ingeniero francés llamado Giffard, que en 1852 unió a un globo de forma ahusada un motorcito a vapor con una hélice de tres palas. El globo iba lleno de hidrógeno, que hoy no se usa porque es muy inflamable. Ha sido sustituido por el helio, el mismo gas con el que se inflan los globos.

Es mucho más fácil maniobrar con los dirigibles que con los globos aerostáticos normales. Los primeros cuentan con un motor, lo que les otorga más velocidad y permite seguir la dirección deseada. Hubo un tiempo, en el siglo pasado, en el que transportaban pasajeros o correo... y también bombas. Durante la Primera Guerra Mundial fueron utilización por la aviación para bombardear diversas ciudades. Ahora se usan únicamente en publicidad o para paseos turísticos. ¡Y son preciosos, realmente preciosos!

Naturalmente, si no caen en un estanque repleto de lodo.

Sunny

Yo toda esta historia de los recuerdos cinematográficos (que llaman *memorabilia*) no la entiendo.

¿Sabéis que hay gente capaz de gastar una fortuna para hacerse con la gorra que determinado actor lucía en una vieja peli? ¿Y que un vestido perteneciente a una antigua actriz famosa puede costar lo que un coche?

El traje de Superman en la versión para el cine de 1983, por ejemplo, fue subastado por veintidós mil dólares (lo compró un coleccionista australiano). Basta mirar en Internet para darse cuenta de la cantidad de páginas en las que se puede vender, comprar, pujar por los más extraños objetos de interés para los coleccionistas: billetes de autobús o de cine, tapones de botella, etiquetas de latas de tomate pelado, el papel de seda en el que se envuelven las naranjas y hasta recibos de supermercado.

Y los coleccionistas no son precisamente críos, sino señoras y señores de cierta edad, como nuestra profe.

Lo creáis o no, en algunas partes existen asociaciones de glucófilos, aficionados a coleccionar sobrecitos y terrones de azúcar, que se reúnen todos los años a nivel nacional. ¡Una de ellas tiene como símbolo una pareja de hormiguitas!

¿Qué me decís de la tegestología? El nombre es tan extraño como el tipo de objeto coleccionado: posavasos de cartón para cerveza.

Están todos locos, estos coleccionistas.

No como el cadete Harry y yo, que hemos empezado a reunir conjuntamente una colección absolutamente razonable y sensata: camisetas de rugby pertenecientes a famosos campeones, que luego enmarcamos. Por ahora, hemos ahorrado lo suficiente para comprar medio centímetro de la camiseta de un legendario centrocampista defensivo, el jugador Jemmy *Tiger* Mackye.

De acuerdo con nuestros cálculos, necesitaremos cerca de veintidós años para reunir la cantidad que piden para tener la camiseta colgada en la pared de nuestra habitación.

Nell

¿También vosotros estáis convencidos como Miss Coralinda de que existe una única Cenicienta?

Para ella, naturalmente, se trata de la protagonista de *Los zapatitos dorados*, con la voz y la cara (al parecer, no los pies) de Charlotte Bouvier. ¡Yo he sabido siempre que hay muchas Cenicientas!

Cuando era pequeña, en Hong Kong, mi tata me contaba la historia de un joven que buscaba a la mujer perfecta, con los pies más pequeños que se puedan imaginar. Entonces, un águila robó la minúscula zapatilla de una muchacha llamada Yen-shen, y la dejó caer sobre la cabeza del chico... Él no tuvo que hacer otra cosa que encontrar a la propietaria y se casó con ella.

Entonces, yo también creía que la Cenicienta china era única, pero he descubierto que los antiguos egipcios tenían una historia casi idéntica, solo que lo que había por medio era una sandalia en lugar de una zapatilla, y el tipo que buscaba esposa era ni más ni menos que el faraón.

Luego leí un libro de cuentos escritos hace siglos por un francés que se llamaba Charles Perrault y que contaba de otro modo las aventuras de Cenicienta. De hecho, aparecían una madrastra y dos hermanastras, un hada madrina, un baile, un príncipe y un zapatito de cristal... que debería haber sido de tejido o cuero. Por un error tipográfico «vaire» («cuero» en francés) se transformo en «verre» (que, en francés significa «vidrio» o «cristal»).

Finalmente, leí *La Cenicienta* de los hermanos Grimm, que eran alemanes y escribieron otro cuento en el cual el papel del hada lo desempeñaban un árbol y dos palomas. ¡Y las hermanastras, para que les entrase el zapato, se cortaban un trozo de pie!

¿Os basta? Porque sé de otras muchas más...

Lin

Índice

Princess College

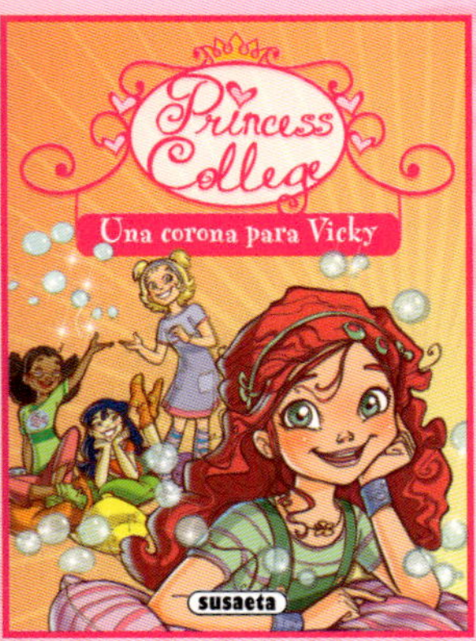
Princess College
Una corona para Vicky
susaeta

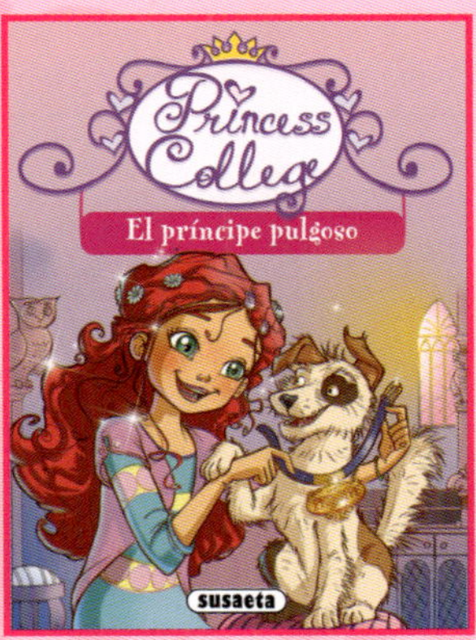
Princess College
El príncipe pulgoso
susaeta

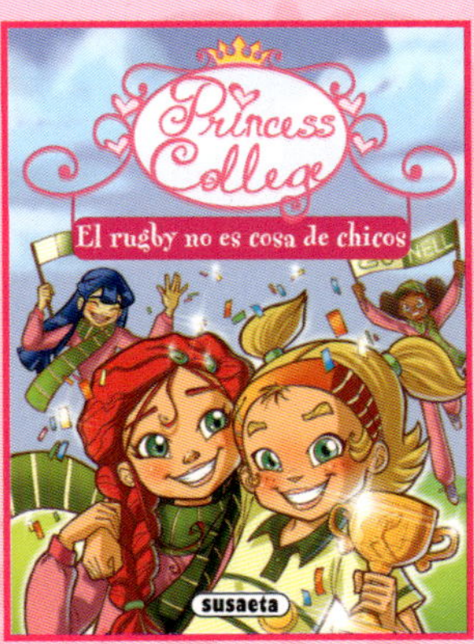
Princess College
El rugby no es cosa de chicos
susaeta

Princess College
Estrella por un día
susaeta

Princess College
Receta de amor
susaeta

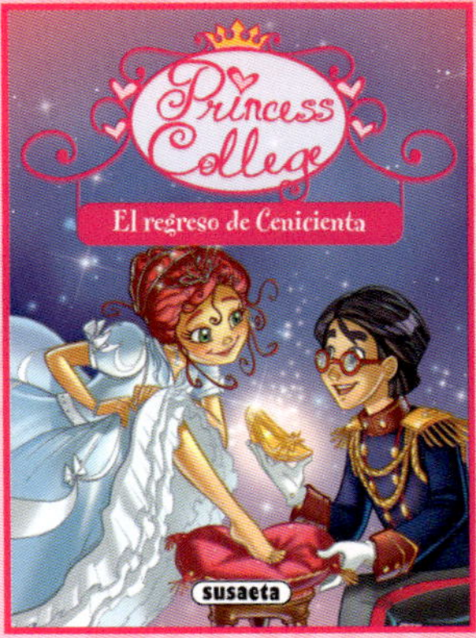
Princess College
El regreso de Cenicienta
susaeta

Princess College
El ladrón fantasma
susaeta